JN410575

행복은 언제나 오차범위 안에 있다

황무룡 시집

문학의전당 시인선
343

행복은 언제나 오차범위 안에 있다

황무룡 시집

문학의전당

시인의 말

70여 년
앎을 위해 헤맸다.

다 알지 못했다.
다 알지 못한 채 쓰는 부끄러움
그래도 쓰려 한다.

앎의 몸부림처럼
또 호기심에
쓴 것을 연못에 던져 본다.

퐁당!

2021년 9월
황무룡

차례

제2부 좋은 사람

제3부 좋은 관계

제4부 마음의 힘

제5부 묵언의 힘

제6부 행복의 길

제1부
맛있는 인생

맛있는 인생

수련 꽃피는 아침에는
이성적 기운이 넘쳐
기도하기 좋고

달맞이꽃 피는 저녁에는
감성적 기운이 풍겨
사랑하기 좋다

아침에는 하얀 창호에
햇빛으로 희망을 그리고

저녁에는 까만 수틀에
한 땀 한 땀 행복을 수놓는

아침, 저녁이 있어서
삶이 맛있다

젓가락

하나면서 둘이고
둘이면서 하나여야 한다
마주잡아야
무엇이든 집을 수 있다

외가락으로는
밥 한 톨도 먹을 수 없다

서로 보듬고
공감하고
희생하고
배려하는 젓가락 사랑

젓가락으로
김치 한 조각 입 안에 쏙 넣어주는 게
사랑의 기술이다

얼굴

적송령*이
지금의 품위를 완성하는 데
600여 년이 걸렸다고 한다

나는
70여 년을 그려도
아직 구도조차 잡지 못하고
요 모양, 요 꼴

그리면 그릴수록
쭈글쭈글
흐트러져만 보인다

---

* 적송령: 경북 예천군 감천면 천향리에 있는 소나무. 천연기념물 제294호.

이심전심의 자

몸의 거리는
잴 자가 있지만
마음, 믿음, 사랑의 거리를
잴 자는 없다

자가 없을 땐
어림짐작으로 잴 수밖에

상대 입장에서 잴 때와
내 입장에서 잴 때의 오차범위는
하늘과 땅 사이

이 오차범위는
이심전심의 마음 눈금에 따라
늘릴 수도
줄일 수도 있는데

이왕이면

그 오차범위가

+ - 1cm이었으면 좋겠다

경쟁의 뜻

이기고 지는 건
노력의 결과이지
죽기 살기의 문제는 아니다

정글의 무법자야
이기면 상대가 죽고
지면 자기가 죽어야 하지만

숲속 나무들은
이기면 이긴 대로
지면 진 대로 함께 자란다

이기고 지는 걸
진솔하게 받아들여
재충전의 기회로 삼는 것이
경쟁의 참뜻이다

소나무처럼

평생 말없이
침묵으로 사는 소나무

소나무인들
왜 할 말이 없겠는가

하고 싶은 말
그냥 뿌리에 꾹꾹 넣어서
그러려니 하겠지

세 치 혀 잘못 놀려
천 냥 빚도 못 갚을뿐더러
귀싸대기 얻어맞고
왕따 당함보다는

차라리 소나무처럼
묵언정진으로 살리라

마음이 푸르면

저 바위도
부수고 부수면
본래 없는 상태로 돌아가고

내 마음 역시
따지고 따져 들어가면
파란 하늘처럼
여여(如如)한 것으로 돌아간다

유와 무의 경계는
마음에 의해
눈뜨고 감는 그 눈꺼풀 사이

결국 마음이
세상을 만들고 부수는 것이다
마음이 푸르면
세상도 푸를 것이다

준엄한 명령

하늘이여
땅이여

탐욕도 벗어놓고
집착도 벗어놓고
번뇌도 벗어놓고

물처럼 구름처럼 바람처럼 살라 하시니

봄에는 싹틔우고
여름에는 푸르고
가을에는 낙엽 지고
겨울에는 앙상해지라 하시니

그 명령
절대 복종하겠나이다

초심을 찾아서

어른들에게서는
축적된 지식과 경험은 많아도
초심의 신선함은 없다

개구리가
올챙이 적 초심을
헤아릴 수 없듯이

살다 보니
갓난아기의 초롱초롱한 눈망울
가식 없이 흔드는 손짓 발짓
천진난만한 웃음을
잃어버렸다

다시 태아로 돌아간다면
참 행복하겠다

깨어진 약속

새벽에 닭이 우는 것은
여명을 열라는
신과의 약속 때문이다

그런데 언제부턴가
닭들이 약속을 저버리기 시작했다

낮에도 울고
밤에도 울고
시도 때도 없이 운다

닭 스스로 깬 건지
인간에 의해 깨어진 것인지

오직
닭대가리만이 알 것이다

잘 다녀오라는 말

매일매일
새벽에 죽었다가
저녁에 살아나는 별처럼

삶도 죽음도
시간의 틀 속에서
빙빙 돌고 돌아가는 것

아내는 아직도
헤어질 때
잘 다녀오라고 한다

인향(人香)

뼛골이 사무치도록
추위를 견뎌온 매화나무가 아니면
어찌 가슴 설레는
매화 향기 피워낼 수 있으랴

덖고 비비고
비비고 덖고
아홉 번을 덖고 비비지 않으면
어찌 입 안에 감도는
알싸한 녹차의 맛을 우려낼 수 있으랴

사람도
지독한 고통을 견디며
수천 번 단근질을 통해서만
말이나 숨결에서
인향(人香)을 피워낼 수 있다

우주의 흔들림에 기대어

갈대의 흔들림이
곧 우주의 흔들림이라면
우주의 흔들림에 의해 태어나
바람처럼 사는 나는 무엇인가

숨 쉬는 것에서부터
말하는 것
온갖 몸짓과 마음으로
하물며 꿈에서까지 우주를 흔들고
집, 학교, 직장 온갖 곳에서
자신을 위해
혹은 가족과 남들을 위해
열심히 우주를 흔들어야 하는 나는,

언제부터인가
흔듦 반, 흔들림 반으로 산다
흔드는 힘보다
흔들림에 의지해 살아간다

일하는 것에서부터
앉고 눕고 잠들기까지
흔들 수 있는 힘이 다 소진되면
우주의 흔들림에 흡수되어
내 본래의 모습
바람이 되었으면 좋겠다

죄의 얼굴

예고하고 죄짓는 자 없고,
보란 듯 죄짓는 자 없다

음양의 이치로 보면
죄는 음기로
음지에서 자생하면서
활동력이 왕성하고
양지에서는 잠적한다

죄인의 이마에
범죄자 낙인을 찍는다면
감히 죄지을 생각을 못할 터

거울 앞에서는 법 없이 살 사람도
거울 뒤에서는 범법자가 될 수 있음을
항상 경계해야 한다

에밀레종

쇳물 속에
아이를 집어넣어 만들었기에
그 아이의 한으로
울려 퍼진다는 에밀레종

그 신비한 소리에
가슴 뭉클해 하지 않을 사람은 없을 것이다

종신에 새겨진
보상당초문과 비천상까지

그 진동의 파문이
과연 인간의 솜씨란 말인가

천상의 세계를 넘나드는
에밀레종
소리

밥 먹듯 일해야

인간은 먹기 위해 사는가
살기 위해 먹는가

어느 것이든
일을 해야만 먹고 살 수 있다

어릴 적 할머니께서 시키신 일을 이 핑계, 저 핑계로 안 하고 저녁 밥상머리에 앉으면 "일하기 싫으면 먹지도 말아야지" 꾸중하셨던 기억이 생생하다

일하지 않으면 먹지 말아야 한다

능력 있는 자가 놀고먹는 것은
삶을 포기하는 것

삼시세끼 밥 먹듯 일해야 한다

제2부
좋은 사람

한순간

시간을 전부 지배하는 것 같아도
한순간

이전은 이미 지났고
이후는 아직 오지 않았으니
지금 순간만
지배할 뿐이다

태어나고, 숨 쉬고, 밥 먹고, 일하고, 잠자는
그 모든 것도
한순간

한순간이 없다면
삶도 없는 것

한순간이
영원일 수 있으니

좋은 사람

가까이는 너무 뜨겁고
멀리는 차갑고

활활 타는 장작불처럼
내 마음도
따뜻한 숯불이고 싶다

그 빨건 숯불에
익어가는 고구마처럼

나도 누군가에게
따뜻한 양식이 되고 싶다

가까이는 너무 뜨겁고
멀리는 차갑더라도

실수도 재산

알고 한 실수가 실수지
모르고 한 실수는 실수가 아니다

깨치고 뉘우치고 배움의 기회로 삼을 때
실수는 재산이 된다

시멘트 틈새 뿌리내려
예쁘게 꽃피운 민들레 같은 거

누구나 하는 실수
하지 않는 것도 재산이지만
두려워하지 않는 실수가
더 큰 재산이다

무소유의 진실

법정 스님의 '무소유'는
가짐에 의하여 불편하거나 욕먹지 말라고
세인을 꾸짖는 말일 것이다.

우리네 삶에서
무소유로는 살아갈 수는 없다.

먹고, 입고, 자고, 싸는
생활의 필수적인 것은 우선 가질 수밖에 없고
남들에게 이로움을 주는 것이라면
오히려 다소유도 좋다.

불필요한 걸 많이 소유하면
소유의 포만감으로 나태해질 것이며
쓰임과 보관의 잡념도 일어난다.

나태나 잡념이 일어나지 않을 만큼의 소유가
참 '무소유'의 뜻이려니

가사, 석장, 검정고무신, 낡은 덧버선뿐이었던
성철 스님의 유품을 생각하면
더 그렇다.

밥그릇 싸움

나무를 보면
뿌리와 가지로 영역 다툼은 해도
밥그릇 싸움 같은 걸 하지 않기에
푸른 숲을 이룬다

밥그릇 만들 수 없는 짐승들이나
밥그릇 싸움을 하는 거지

언제든
밥그릇 만들 수 있는 사람들이
어찌 밥그릇 싸움을 할까

그러니
더 치사하고
졸렬하고
더러울 수밖에

깨달음의 뒷모습

소백산 꼭대기 주목나무

살아 천년
죽어 천년을 홀로 견디는 모습이
선각자 같다

사무치게 외로워 봐야
삶의 진정한 의미를 알 수 있다는 듯이

단지 뒷모습만으로도
절경이 되었다

앞모습은
볼 것도 없다는 듯이

휴(休)

사막을 걸어 봐야
나무의 소중함을 절감한다

나무로 우거진 숲은
산소, 그늘, 열매, 땔감, 낭만 등을 주는
생명력의 보고

숲이야말로
주거공간에 꼭 있어야 하는
필수품

사람과 나무는
한 몸이 되어야 한다

지구 몸살

겨울이 추워야
병해충이 얼어 죽어
다음해 농사가 잘된다

헐떡이는 개들이
더위 먹도록 여름이 더워야
벼이삭이 옹골차게 익는다

추울 때 추워야 건강해지고
더울 때 더워야 만물이 성장하는데

지구 몸살로
삼한사온도 사라지고

더위 대신
물난리만 난다

이상(理想)

사무엘 울만은
「청춘」이란 시에서
"이상을 잃어버릴 때 비로소 늙는다"고 했다

남산 위에 저 소나무
늙어서도
늘 푸르게 자란다

스스로 푸르러야 할
이상(理想)이 있기 때문이다

이상은
설령 이루어질 수 없다 해도
살아가는 목표라서
세월 따위는 초월한다

사람이
죽어서도 사는 이유는

이상을

유훈(遺訓)으로 남겨두기 때문이다

마음을 뒤집다

가을걷이가 끝나면
다음해 농사를 위해
논바닥을 뒤집는 심경(深耕) 작업을 한다

마음에도 심경이 필요하다

마음의 심경은
트랙터로는 할 수 없고
말로는 할 수 있다

좋은 말의 심경으로
기쁠 때도 있지만
나쁜 말의 심경으로
화낼 때도 있다

나쁜 말을 뒤집어
좋은 말로 복토(覆土)를 해보자

분별없는 마음

길가에 핀 제비꽃
꽃 자체만 보면 참 곱고 앙증맞은데
그 꽃 옆의 개똥 한 무더기와 함께 본다면
앙증맞게 보이지 않는다

원래 세상은 아름다운데
분별에 의해서
추하고 흉측하게 보인다

분별에 의해 발전하고
분별에 의해 퇴보하는 것

거울이 내 모습 비쳐주듯
그 모습 그대로 세상을 바라보면
세상은 참 밝고 아름답다

분별없이 세상을 바라보자

나의 재산 목록

나의 재산 목록을 열거한다면

1호는 건강
2호는 양심
3호는 지혜
4호는 정직
5호는 시(詩)……
재물은 9호쯤이나 될까?

사람의 재산을
당장 보이는 겉모습과 재물로 평가했다가는
오류를 범한다

아무리 때깔 좋은 사과도
맛을 보고서야
진가를 판단하듯이

억만장자도

건강, 양심, 지혜가 없으면
하루아침에
알거지로 변한다

버리고 채우고

꽃을 버리고
열매를 맺는 사과나무의 지혜를 본다

어쩌다 공돈이 생기면
그 쓰임이 생기고
필요한 돈은 어떻게든 채워지는
살림살이

버리기만 하고
채우지 못하는 건 바보
채우기만 하고
버리지 않는 건 더 바보

채움에 안달 말고
버림에 주저 말고
과감히 버리고 적절히 채우듯
늘 버리고 채우고

플래시 라도

옛날 초가지붕 추녀 속에서 잠자는 참새를 잡으려 플래시를 들고 설치는데 방 안에서 주무시던 노인이 “야들아 불낼라” 하여 “플래시 시더” 했더니 노인이 “플래시 라도” 하는 바람에 그만 웃음보가 터져 참새를 놓쳐버린 추억이 있다.

세상에 일어날 일이 있고
일어날 수 없는 일이 있는데도
그것조차 구별 못하고
반딧불로 수미산을 태우려 들면
세상에 웃음거리밖에 더 되겠는가

일어날 수 없는 일에
함부로 불장난하다가는
정말로 수미산을 다 태울 수도 있다

돈의 지혜

수중에 돈이
동해 바닷가 모래알만큼 쌓였어도
그 쓸 일만 걱정하다
죽어야 한다

돈은 분뇨와 같아서
쌓이면 악취 나고
뿌리면 땅을 기름지게 한다

돈은 물과 같아서
고이면 썩고
흐르면 주변을 정화시킨다

돈은 필요만큼만 있어야지
필요 이상이면
어깨 힘만 더 들어간다

돈이란

모은 만큼

베풀 줄 아는 게 지혜다

마술

불가능해 보이는 것이
감쪽같이 가능해지는 마술

분명한 것은 마술은
우리의 눈을 속이고
마음을 호리는 속임수라는 것인데

그것을 뒤집어보면
마술쟁이는 마술이 직업이기에
당연히 속이는 것이고
우리가 속지 않으면 그뿐인데

흥미롭게 그 속임을 구경하는 것이
스스로 내 자신을 속이는 꼴이 아닌가

모른 척 속아주는 것도
때로는 삶의 청량제가 될 수 있다

제3부

좋은 관계

좋은 관계

김춘수 시인의 '꽃'을 생각한다

내가 그의 이름을 불러주면
그는 나에게로 와서
꽃이 되듯이

좋은 관계는
꽃으로 다가가는 것이다

꽃의 입장에서 바라보고
꽃의 입장에서 생각하는

순수한 마음이
격의 없는 관계를 만든다

은밀함의 속성

할머니는 밀주를 담아
방구들에 이불을 뒤집어씌워 놓고
은밀하게
술 괴기를 기다렸다

은밀하게 익은 술이
더 독했다

사랑도 은밀해야 더 짜릿하고
은밀하게 누는 똥이
더 쾌감이 크다

아무도 모르게
스스로 변화를 즐기듯이

변화를 추구하는 모든 것들은
은밀해지려는 속성을 가졌는가 보다

파도와 욕망

인간은
바닷물만큼이나
욕망을 가지고 살아간다

파도는 언제나 출렁이지만
그 높낮이에 따라
폭풍으로 부르기도 한다

인간의 욕망도
표출의 양과 형태에 따라
인품으로 드러난다

멈추지 않는 파도처럼
우리네 욕망도
함부로 없애려 하지 말자

가슴속에 그냥 출렁이게 하자

채웠다 비웠다

채웠다
비웠다 하는 술잔같이

우리 몸도
채우면 비우고
비우면 채워야 한다

배고프면 채우고
배부르면 비우고

나무도 집도 구름도 생각도 버스도……
다 비웠다 채웠다 한다

채움도 비움도 못하면
한낱 욕심쟁이뿐이다

나는 누구인가?

마음으로 들으면
세상 모든 것이 신비로움으로 가득하다

만물의 기(氣)와 혼(魂)은
우주와 연결되어 있는데

그럼 나는 누구인가?

우주는
세계를 둘러싼 공간
만물을 포용하는 공간
질서 있는 통일체로서의 세계

그 세계의 말단에 위치한 나는
지금 어디로 가고 있는가

반환점

산 정상을 정복하면
더 이상 오를 곳이 없다는
착각에 빠지기 쉽고

성취감에
자칫 방자해질 수 있다

정상은 끝이 아니고
반환점이다

방심은 금물

올라갈 때보다
내려갈 때가 더 위험하다

마음속 줄무늬

호랑이도 무섭지만
사람이 호랑이보다
훨씬 더 무섭다

줄무늬가 호랑이는 밖에 있고
사람은 마음속에 있기 때문이다

보이는 무서움이야
안 보면 되지만
보이지 않는 무서움은
언제 어디서 엄습할지 모른다

겉모습보다
내면에 숨겨진 마음을
더 두려워하자

부모의 마음

시위를 떠난 화살은 잡을 수 없다

과녁에 꽂히기 전까진 오직 앞만 보고 간다

그것이 부모의 마음이다

믿음에 대하여

민들레는
쓰임을 인정받지 못해서
뽑히는 것이다

그 쓰임을
믿고 돌봐주면
민들레도 아름다운 꽃이 되고
약재가 된다

역할론

집을 지을 때
큰 나무는 대들보로 쓰이고
작은 나무는 서까래로 쓰인다

아무리 볼품없는 쭉정이라도
땔감이 되기도 하고
거름이 되기도 한다

천재는
핵폭탄을 만들어
많은 사람을 죽음에 이르게 하지만

순하디순한 저 아이는
종이학을 접어
많은 사람을 즐겁게 한다

최선과 차선

최선을 다한다는 건
거짓말이다

최선은 존재하지 않는다

무슨 일이든지
행한 뒤에는 이래저래 아쉬움이
남기 마련이다

최선책이라 정해
열심히 노력했지만
노력 밖의 것들로 실패가 존재함으로
차선책이 언제나 필요하다

최선책이 좌절되면
차선책으로도 이루어가는 게
진정한 최선책이다

석굴암 본존불

경주 토함산 중턱
석굴에 앉은 본존여래상은
인간이 지향하는 부처의 모습이면서
부처가 인간의 모습으로 나타난 것이다.

풍만한 몸신과
인자한 얼굴, 지극한 눈길을
깊이 바라보노라면
신성과 인성의 조응에서 그렇게 보인다.

석굴암 본존불은
분명 인간이 만들어낸 예술품이다.

그 위대함은
인간 솜씨의 한계를 뛰어넘어
부처의 경이로움을 표현해낸 것에 있다.

돌로 빚어낸

저 무한한 모습에

바로 정토(淨土)가 있다.

권위와 권력

40층 아파트가
권력적이라면
200년 묵은 한옥 고택은
권위적이다

권력은
완장만 차도 생기는 것이지만

권위는
지혜와 인품, 경험이 응축되어
존경스러움이 더해질 때 생긴다

복종이 권력이고
존경이 권위라고 한다면

권력보다
권위가 한 수 위다

흙에 살자

흙에서 멀어져
20층 아파트에 살아보니
모기 없어 좋은데
난이 꽃을 피우지 않는다

흙이 멀어질수록
병원만 가까워진다

마음의 절

상상의 새 봉황(鳳凰)을 두고
보지 못했다고
새가 아니라고 하는 사람 없듯이

보이는 절만 절이 아니고
마음속의 절도 절이다

절은 기도의 장소이지
소원을 들어주는 장소는 아니다

기도 성취는
눈에 보이는 절보다는
오히려 형상이 없는
마음의 절에서
이루어져야 한다

기도를 위해
절을 찾아가는 것도 좋지만

기도 성취를 위해서는

마음의 절부터 찾는 것이 필수다

집도 죽는다

집은 사람의 손때로 살아간다

쓸고 닦고 살던
농촌의 집들이
사람이 떠나고 나니
시름시름 앓는다

인기척이 그리운 것이다
곁이 그리운 것이다

잡초만 무성하고,
벽체와 지붕이 허물어져
흉가로 변해간다

사람이 떠나면 집이 죽고
집이 죽으면
농촌도 죽는다

제4부
마음의 힘

최선의 삶

존재하는 건
언젠간 사라진다
어디서 어떻게 사라지는가의
문제일 뿐이다

사라짐이 분명한
육체에겐 두려움이지만
생멸이 없는
영혼은 자유롭다

죽음을 받아들일 대비가 중요하다

그 대비가 곧
최선의 삶이다

믿거나 말거나

어느 스님께서 나를 관찰해 보고는 전생에 중이었을 거라고 했다

그 말이 오래 가슴에 남아 있다

진정한 학자

가을 황금 들녘에
누렇게 고개 숙인 벼들 사이에
돼먹잖은 피가
고개 쳐들고 간들거리는 것을 본다

자기를 버리지 못하고
대세를 따르지 않는
자기만의 고집 또는 아집이랄까?

대중들 앞에서
하찮은 학문으로 대중을 오도하려 드는 자가
피와 같은 존재다

익으면 익을수록
학문을 자랑하는 돌팔이 학자보다는
고개 숙인 벼가
훨씬 학문이 높다

전문가

수학 잘하는 사람
국어 잘하는 사람
과학 잘하는 사람

하나라도 잘하면
그 자체로 달인이다

폐지 줍는 노인
사과 따는 농부
나무 심는 인부

하찮은 분야도
하찮게 보지 말자

하찮은 그 분야로도
우주를 꿰뚫어볼 수 있다

마음의 힘

잠재의식은
겉으로 드러나지 않고
지하 깊숙이 형성된 금맥과 같은 것

깨침의 씨앗 단계로
능력과 지혜의 촉으로 돋기도 하고
어느 순간
깜짝 표출해
위기를 모면하기도 한다

잠재의식은
보고 듣고 느낀 것들을
저장하고 숙성시켜 뽑아내는 기술

바로 마음의 힘이다

아버지의 뚝심

동해 바다 한가운데 솟아
어떤 풍파에도 흔들리지 않는 독도를 바라보면서
아버지 같다는 생각을 했다.

비록 배우지 못한 농사꾼이라도
어떠한 어려움에도
자식에게 약한 모습 보이지 않으시는
아버지를 보면서
참 대단하다 생각했다.

아버지는 다만 고독할 뿐

가족을 위해서는
절대 흔들리지 않는
뚝심을 가졌다.

원금 생각

돈, 관계, 기술, 지식, 가족을 위해
평생을 살았다

젊을 땐 저축 인생
늙어서는 이자 인생
죽으면 소멸 인생

알뜰히 모은 것들
살뜰히 쓰고 가야지
다짐하다가

문득,
내 청춘의 원금은 얼마일까 하는
부질없는 생각에 이르러
물음표만 낳았다

춘투

싸우지 마라

승자도
패자도
희생과 고통이 따른다

투쟁은
문제 해결이 빠른 반면
상처를 남기고

타협은
해결은 좀 더뎌도
사랑과 믿음과 희망을 준다

지금은 지금

지금 성적을 비관하지 마라

그 비관이 오히려
과거에 발목 잡히고
미래의 꿈을 빼앗길지도 모른다

지금은 지금일 뿐
과거도 미래도 아니다

지금 피우는 꽃이 아름답기에
사과는
열매를 맺는다

오늘을 살아라,
가급적 내일을 기대하지 말라*

---

* 호라티우스.

신의 선물

가장 위대함이 사랑이고,
가장 아름다움이 사랑이고,
가장 행복한 것이 사랑이다.

가슴 짜릿하게
사랑해본 사람만이
그 위대함을 만끽할 수 있다.

사랑은
신이 인간에게 준 가장 고귀한 선물

인간의 심성을 믿고
서로 예뻐하고, 아름다워 하고
배려하고, 감사하고,
기뻐하고, 행복해 하라고 준 선물

그것도 모르고
하찮게 사랑타령만 하다가

흔해빠진 사랑에
위대함조차 잃어버렸으니

어찌 신의 선물을 제대로 챙기겠는가.

의무

어머니와 아내와 자식을 위해
멋지고 강한 남자로 살아가야 할 의무가
나에게 있다.

간단한 명제

인간이란 무엇인가?

간단한 질문이지만
한 마디로 대답하기는 어렵다

"마음 心" 하나도
진정한 뜻을 알고
이해하는 데는
해인사 팔만대장경을 다 동원해도
설명하기 어렵다

간단할수록 어려운 게
삶이더라

이 간단한 명제를 아는 데
평생이 걸렸다

행복은 언제나 오차범위 안에 있다

스스로 행복하다면
그걸로 충분하다
행복의 기준은 따로 없다

잘사는 나라일수록 행복지수가 낮고
못사는 나라일수록 행복지수가 높은 걸 보면
물질이 행복의 기준은 아닌 듯하고

대통령도 못해먹겠다고
토로하는 걸 보면
지위나 명예도
행복의 기준이 아닌 듯하다

계단에서 넘어진 아이의
손을 잡아 일으켜 주었을 때
연신 고개를 숙이고
감사해하는 모습을 보며
나는 뿌듯함을 느꼈다

행복은 멀리 있는 게 아니라
바로 마음에 있다
행복은 언제나
오차범위 안에 있다

첫,

잡티 하나 섞이지 않은
첫 느낌은
신이 내리는 암시일 수 있다

그다음부터는
주변 상황들이
판단에 개입하게 된다

첫인상
첫사랑
첫날밤

무슨 일이든
고민스러울 때
나는 첫, 에 의지한다

궁극적인 목적

식물을 만들고
동물을 만든 다음에
인간을 만들었을 것이다

식물과 동물의 차이는
이동할 수 있고 없고

동물과 인간의 차이는
이성(理性)이 있고 없고
꿈이 있고 없고

인간과 신의 차이는
형상이 있고 없고
한계가 있고 없고

결국
신을 숭배하고 닮게 하는 것이
궁극적인 목적

나이테

나이테 함부로 열지 마라

거기,
나무의 투쟁사가 기록되어 있다

제5부
묵언의 힘

이 별의 방식

가까이 왔다가
금세 멀어져 간다

강물 위에 떠 있는
종이배

지구라는 이 별에 불시착한
종이배

물결의 파문에
머뭇거리지 않는다

이별은
저렇게 하는 것이다

함부로 걷지 마라

경북도청 공무원노동조합원의
설문조사에 의해
2005 Best 사무관에 선정되어
기념패를 받았다.

서산대사의 「발걸음」이라는 시(詩)가 새겨 있었다.

踏雪野中去(답설야중거)
不須胡亂行(불수호난행)
今日我行跡(금일아행적)
遂作後人程(수작후인정)

눈 덮인 들길을 걸어갈 때
모름지기 그 발걸음 아무렇게나 하지 말라
오늘 내가 걸어간 발자취가
마침내 뒷사람의 걷는 길이 되기 때문이다

Best라는 영광보다는

글귀에 중압감과 엄정함을 느꼈다.

앞선 사람의 발걸음은
뒤따르는 이의 이정표가 됨으로
Best로 선정된 만큼
더 바르고 깨끗하고 아름답게
걸어가라는 뜻이다.

침묵은 지혜다

말만이
말이 아니라
말 없음도 훌륭한 말이다

콩을 굳이 콩이라고 말하지 말자

누구나 이미 다 아는 거
자기만의 거
다시 말할 필요 없고

거짓말은 더더욱 안 되고

해야 할 말만 해도
시끄러운 세상

쓸데없는 말로
분란 만들지 말자

내가 꿈꾸는 세상

가난 없는 세상은
가난을 나누면 되는 거다

모두 부자인 세상은
희망이 없고
모두 빈자인 세상은
즐거움이 없고

부자면 어떻고
빈자면 어떤가

적당히 어울려
한세상 살아가면 그뿐

더 예쁘나
덜 예쁘나

어차피 꽃은 꽃 아닌가

마음을 모으면

바늘로
손가락 끝을 찔러 보라

침입을 방어하듯
전신의 신경이 그곳으로 집중해
찌릿하게 아프다

한 몸 지키기 위해
발끝에서 머리끝까지 모든 세포들이
힘을 모은다는 뜻

우리 민족에게도
그런 힘이 있다

여기저기 분산되어 있어
보이지 않을 뿐
하나로 집중만 하면
그 힘을 발휘할 수 있다

한라에서
백두까지가
지척이 될 수 있다

묵언의 힘

내 말이
내 안에 있을 때는
나의 충실한 노예이지만
입 밖으로 나온 순간
나를 통제하는 주인이 된다

말도 엄연한 생명체

무심코 한 말이
천 냥 빚을 갚을 때도 있지만
비수가 되어
자신의 목을 노리기도 한다

말이란
종소리처럼 무거울수록
울림이 더 크다

망해도 홍

기름진 땅에서
질 좋은 과일이 나오듯
일류 소비자의 취향에 따라
명품이 탄생한다

일류 소리 듣는 식당은
손님의 입맛을 맞추려는 정성에서부터
곡진함을 느낄 수 있다

그 나물에 그 밥 같은 맛으로는
일류 소리를 들을 수 없다

이 맛에도 홍,
저 맛에도 홍, 하다가는

망해도 홍이다

사람 같은 사람

수많은 나무들 중
코뚜레로 쓸 수 있는 나무는
노간주나무뿐이고

서점에
산더미처럼 쌓인 책 중에
막상 읽을 책 한 권 찾지 못하고
그냥 나올 때도 있고

선거 유세장에
수백만 명이 모여도
표는 결국 한 사람을 향한다

필요 없는 것들
제아무리 많아봤자
혼란만 초래한다

사람 같잖은 사람 백 명보다

사람 같은 사람

한 명이 더 소중하다

지피지기

보여줄 것 다 보여주곤
대결할 수는 없다

상대를 알면 백전백승

앎으로서 자신감이 생기고
모름에서 두려움이 생기는 법

도박에서도
자신의 패는 숨기고
상대의 패를 읽는 것이
승부사의 기본

최후 카드는 보이지 말고
꼭꼭 감추고 살자

하루

시간은
손으로 만지는
감각의 대상이 아니고
활용의 대상이다

시간이
감각의 대상이었다면
황금이나 명예처럼
서로 많이 차지하려다
아마 공멸했을 것이다

누구에게나
공평한 하루 24시간

그 활용도에 따라
쪽박 인생도
대박 인생도 될 수 있다

무게중심

쨍쨍한 날씨가
갑자기 먹구름 몰고 와
천둥번개 치며 소낙비 쏟는다

기억하자!
변덕스러운 여름 날씨를

하는 일도
술술 잘 풀리다가도
눈 깜짝할 사이
진퇴양난으로 변한다

최선도 최악도
상황과 입장에 따라서
언제든 뒤바뀔 수 있나니

어떤 상황에도 흔들리지 않는
무게중심이 필요하다

관심

돌 하나도
관심에 따라서
값진 보석이 될 수 있다

관심이 있어야
바라보게 되고
만져보게 되고
상상하게 된다

위대한 예술품도
관심에서 만들어지고
훌륭한 인물도
관심이 키워낸 것

어떻게 살고
어떻게 죽을 것인가도
관심 속에 있다

신사의 조건

말의 무게를 재는
저울이 있고
행동에 정가(定價)가 있다면
참 흥미롭겠다

그냥
아무렇게나 말하고
마음대로 행동해도
빼고 더하고 곱하고 나누면 되니까

신사란 모름지기
말은 무겁게
행동은 비싸게 해야 한다

절대
무를 수 없다

천만 근쯤 되는

말을 하고
억만금 가치가 있는
행동을 해야 한다

독서와 명상

옷은 세탁소에서
몸은 목욕탕에서 씻으면 깨끗해지는데
마음은 어떻게 할 것인가?

독서는
진리의 저수지
지혜의 충전소

명상은
기운의 발전소
생각의 홀인원

독서가 마음을 세탁하는 것이라면
명상은 직접 씻고 목욕하는 것

책 읽고 명상에 잠겨
자신을 들여다보자

제6부

행복의 길

할미꽃 부처

석가모니도
자신이 부처가 아니라
불성을 가진 모두를 부처라고 했다

석가모니가
자신을 부처라고 했다면
오늘날 부처는 없을지도 모른다

스스로 부처라 칭하면
얼마나 당돌하고 교만하게 보일 것인가

조심스레 피어나
고개 숙인 할미꽃처럼
스스로 겸손하게
자세를 낮추어 세상을 바라보는
할미꽃이 부처다

인연

씨앗이 떨어져
싹이 돋고
돋아난 싹은 자라 꽃을 피우고
꽃이 지고 난 뒤
씨앗을 맺고
씨앗은 다시 땅에 떨어져
싹을 틔우고

이 위대한 연결고리
자연은 이 연결고리에 의해 돌아간다

선연(善緣)은 선연대로
악연(惡緣)은 악연대로

나를 중심으로 일어났다 살아가는
인연의 고리들

내 주변의 고리들을

잘 살펴보면

해야 할 일,
가야 할 길이 분명해진다

굶주림에 대하여

배부르면 쉬고
배고프면 일하고

육체적 굶주림엔 민감해도
정신적 굶주림엔 무덤덤하고

자신의 굶주림엔 조급해도
남의 굶주림엔 하늘 보듯 한다

굶주림에 만족하는 건
밥맛없다는 뜻

굶주림을 즐기는 건
밥맛 좋다는 뜻

아직 기력이 남아 있다는
방증

삶의 비결

하늘에는 천맥(天脈)
땅에는 지맥(地脈)
산에는 산맥(山脈)
물에는 수맥(水脈)
사람에게는 인맥(人脈)
글에는 문맥(文脈)이 있다

천, 지, 산, 수맥이야
어쩔 수 없이 받아들이고 따라야겠지만
인맥이나 문맥은
만들고 엮어 가는 것

맥(脈)의 흐름이나 관계에 따라
긍정하고
순응하고
소통하는 능력이 곧
삶의 비결

태양은 나의 전부

태양은
나의 전부

태양이 있어
나는 성장한다

태양이 없는
암흑 세상에는
아무것도 생존할 수 없다

만물을 싹틔우고
꽃피우고
열매 맺게 한다

나를 눈뜨게 한다

조상의 은덕

죽은 재가
산 불씨를 꼭꼭 묻어서
겨울밤을 따뜻하게 해준다

우리도 앞서
조상들의 영혼에
꼭꼭 묻혀 살아가는
불씨와 같은 존재는 아닐는지

영혼은 그냥 있다고 해두자

우리네 삶을
따뜻하게 감싸주는
조상의 은덕

그 은덕에 감사하는
마음이 중요한 거다

조왕신

부엌에 상주하며
가족의 건강과 수명을 지키는 신

정성껏 모셨던 조왕신!

아궁이도 부뚜막도 정성도
사라진 요즘
머무를 곳 없어
싱크대 전기밥통 냉장고를 기웃거린다

조왕신의 섭섭함인지
옛날에 없던
에이즈, 메르스, 조류독감, 광우병, 코로나19……
온갖 질병이
세상을 어지럽힌다

조왕신이 상주할 수 있게
경건하고,

정갈하고,

정성스럽게

부엌을 받들고 살아야겠다

지혜의 세상

보이는 세상과
보이지 않는 세상

눈떠도 볼 수 없는
절반의 세상

그것을 볼 수 있다면
세상을 두 배로 사는 게 아닐까

예부터
고승들이 목숨을 던져서라도 보려고 했던
그 요원한 세상

참선 속에서
화두일념으로 깨달아야만
보이는 그 세상

쓰레기 꼴

내가 남을 버리는 것이
내가 나를 버리는 것보다
훨씬 더 수월하다

내가 더없이 중요한데
어떻게 나를 버릴 수 있겠는가

입장을 바꿔보자

내가 남을 버리듯
남들도 나를 먼저 버리면
결국 나는 쓰레기 꼴이 아니던가

남이 나보다
훨씬 더 중요할 때가 있다

때로는 남들보다
나를 먼저 버릴 줄도 알자

적과(摘果)

왜, 자식이
부모를 살해하는
동방예의지국의 자존심이
깡그리 뭉개진 사회가 되었을까?

핵가족시대
오야 오야
금쪽같이 키워낸
부모 세대들의 자업자득이다

맛있는
사과 수확을 위해서도
가지치기를 해야 한다
적과(摘果)의
고통과 쓰라림을 겪어야 한다

잘못한 자식을
앞에 두고

스스로 종아리를 쳤던
옛날 그 아버지처럼

브레이크

운전을 하면서도
장애물에 대비해
수시로 브레이크에 발을 올린다

속도에는 조절이 필요하다

달릴 때 달리고
멈출 때 멈춰야 한다

삶의 순간순간도
브레이크에 발 올려
장애물에 대비해야 한다

울릉도 향나무

지구상에 존재했던 공룡이
힘없고 머리 나빠 멸종한 것이 아니다
환경변화에 유연하지 못했기 때문에
멸종된 것이다

힘센 고래도
육지에선 힘쓸 수 없고,
타고난 천재도 시절을 잘못 만나면
천재성을 발휘할 수 없다

힘과 재능도
주변 여건에 따라 유연하게 발휘되어야
배가(倍加)되는 것이다

울릉도 향나무는
기암절벽의 환경에 유연히 적응했기에
이천오백 년을 살고 있다

자유

나에게는 나의 길이 있고
바람에게는 바람의 길이 있다
허공에는 새의 길이 있다

함부로 그 길 막지 마라

생각하기 나름

계란 세우기를
맨 처음 시도한 사람은 천재일까?
바보일까?

행복의 길

아메리카 원주민들이 욕심으로 가득 찬 침략자들에게
"당신들은 평생을 채우고 이루려고만 하는군요. 우리는 평생을 비워도 다 못 비우고 세상을 뜨는데요."
라고 했단다.

침략자들에게
비움의 행복을 한 수 가르친 것 아닌가.

채움이 일시적 또는
자신을 위하는 이기적 행복이라면
비움은 일상적 또는
모두를 위하는 보시적 행복인 것이다.

비움과 채움은
글자 하나 차이지만
그 행복지수는
하늘과 땅만큼이나 다르다.

문학의전당 시인선 343

행복은 언제나 오차범위 안에 있다

초판 1쇄 인쇄 2021년 9월 1일
초판 1쇄 발행 2021년 9월 8일
지은이 황무룡
펴낸이 고영
디자인 헤이존
펴낸곳 문학의전당
출판등록 제448-251002012000043호
주소 충북 단양군 적성면 도곡파랑로 178
전화 043-421-1977
전자우편 sbpoem@naver.com

ISBN 979-11-5896-525-9 03810